Impressum
Verlag: BABADADA GmbH, Nedderfeld 112 , 22529 Hamburg
Geschäftsführer / Verlagsleitung: Harald Hof
Druck: Books on Demand GmbH, In de Tarpen 42, 22848 Norderstedt

Imprint
Publisher: BABADADA GmbH, Nedderfeld 112 , 22529 Hamburg, Germany
Managing Director / Publishing direction: Harald Hof
Print: Books on Demand GmbH, In de Tarpen 42, 22848 Norderstedt

okul

Šola

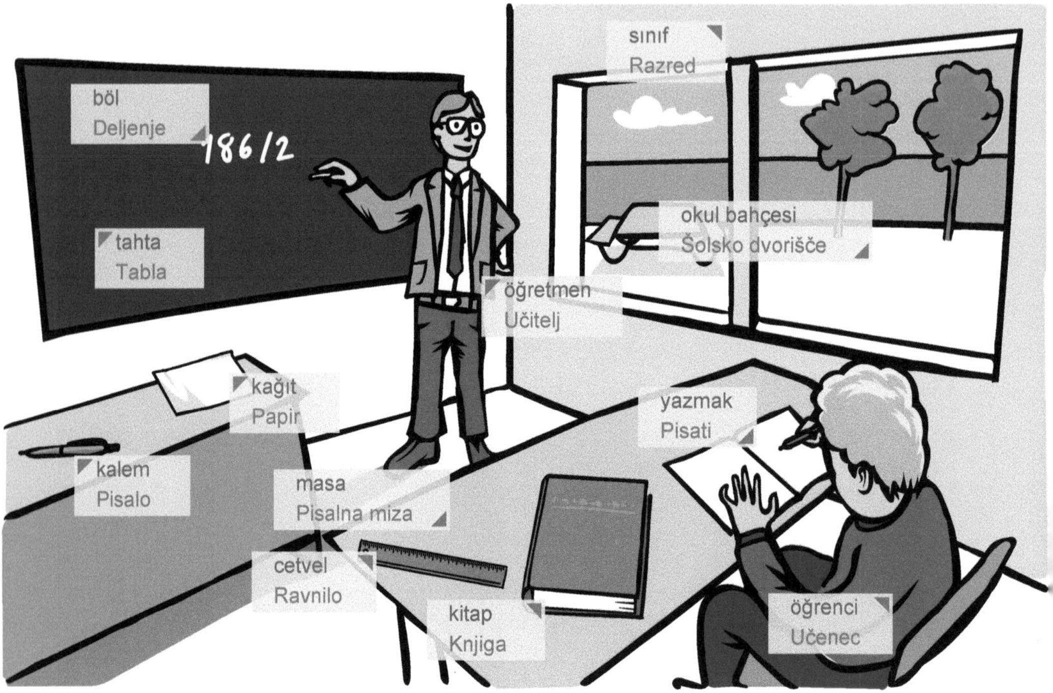
sınıf
Razred
böl
Deljenje
186/2
okul bahçesi
Šolsko dvorišče
tahta
Tabla
öğretmen
Učitelj
kağıt
Papir
yazmak
Pisati
kalem
Pisalo
masa
Pisalna miza
cetvel
Ravnilo
kitap
Knjiga
öğrenci
Učenec

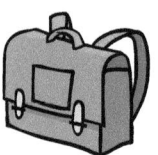

okul çantası

Šolska torba

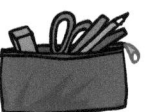

kalemlik

Peresnica

kurşun kalem

Svinčnik

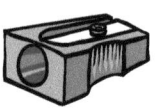

kalem açacağı

Šilček

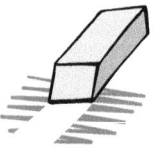

silgi

Radirka

çizim defteri

Risalni blok

çizim

Risba

resim fırçası

Čopič

boya kutusu

Vodene barvice

makas

Škarje

tutkal

Lepilo

alıştırma kitabı

Zvezek

ödev

Domača naloga

sayı

Število

ekle

Seštevanje

çıkar

Odštevanje

çarp

Množenje

hesapla

Računanje

harf

Črka

alfabe

Abeceda

kelime

Beseda

metin

Besedilo

okumak

Brati

tebeşir

Kreda

ders

Učna ura

kayıt

Redovalnica

sınav

Preizkus znanja

sertifika

Spričevalo

okul forması

Šolska uniforma

eğitim

Izobrazba

ansiklopedi

Enciklopedija

üniversite

Univerza

mikroskop

Mikroskop

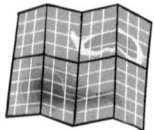

harita

Zemljevid

kağıt çöp kutusu

Koš za smeti

seyahat
Potovanje

otel
Hotel
Grand
pansiyon
Hostel
ROOMS
döviz bürosu
Menjalnica
EXCHANGE
bavul
Kovček
otomobil
Avtomobil

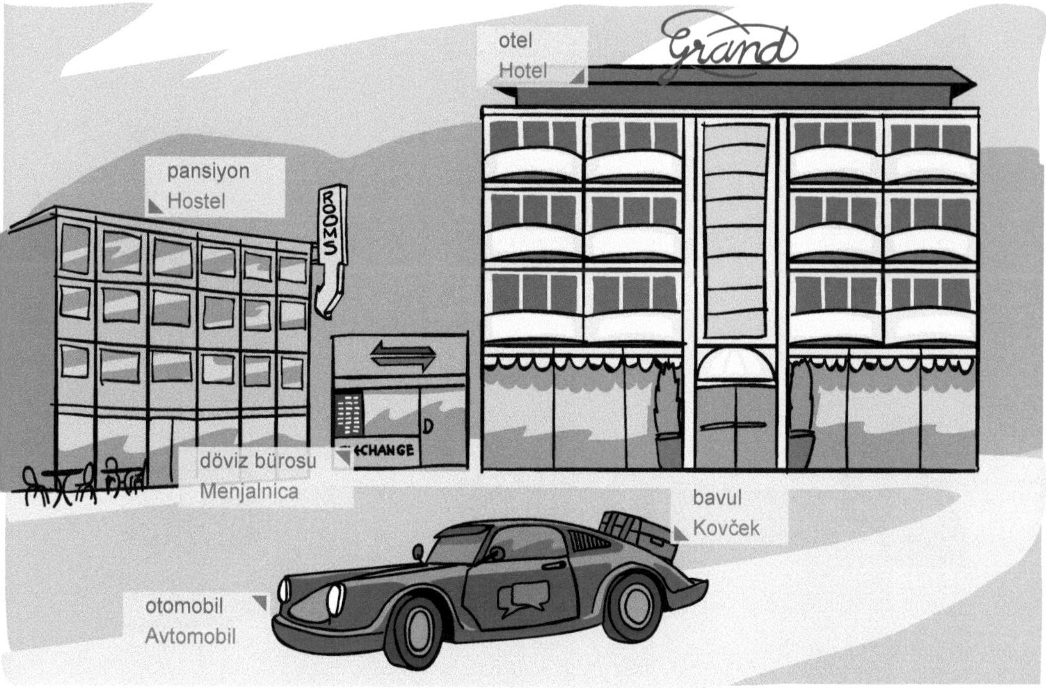

dil
Jezik

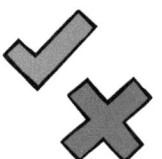

evet / hayır
da / ne

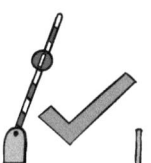

Tamam
Prav

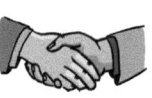

merhaba
Pozdravljeni

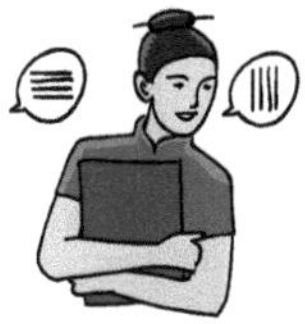

çevirmen
Prevajalec

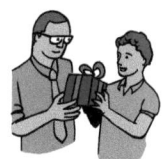

Teşekkür ederim
Hvala

bu ... ne kadar?

Koliko stane...?

anlamadım

Ne razumem

problem

Težava

İyi akşamlar!

Dober večer!

Günaydın!

Dobro jutro!

İyi geceler!

Lahko noč!

güle güle

Nasvidenje

yön

Smer

bagaj

Prtljaga

çanta

Torba

sırt çantası

Nahrbtnik

misafir

Gost

oda

Soba

uyku tulumu

Spalna vreča

çadır

Šotor

seyahat - Potovanje

turist danışma

Turistične informacije

sahil

Plaža

kredi kartı

Kreditna kartica

kahvaltı

Zajtrk

öğle yemeği

Kosilo

akşam yemeği

Večerja

Bilet

Vozovnica

asansör

Dvigalo

pul

Znamka

sınır

Meja

gümrük

Carina

elçilik

Veleposlaništvo

vize

Vizum

pasaport

Potni list

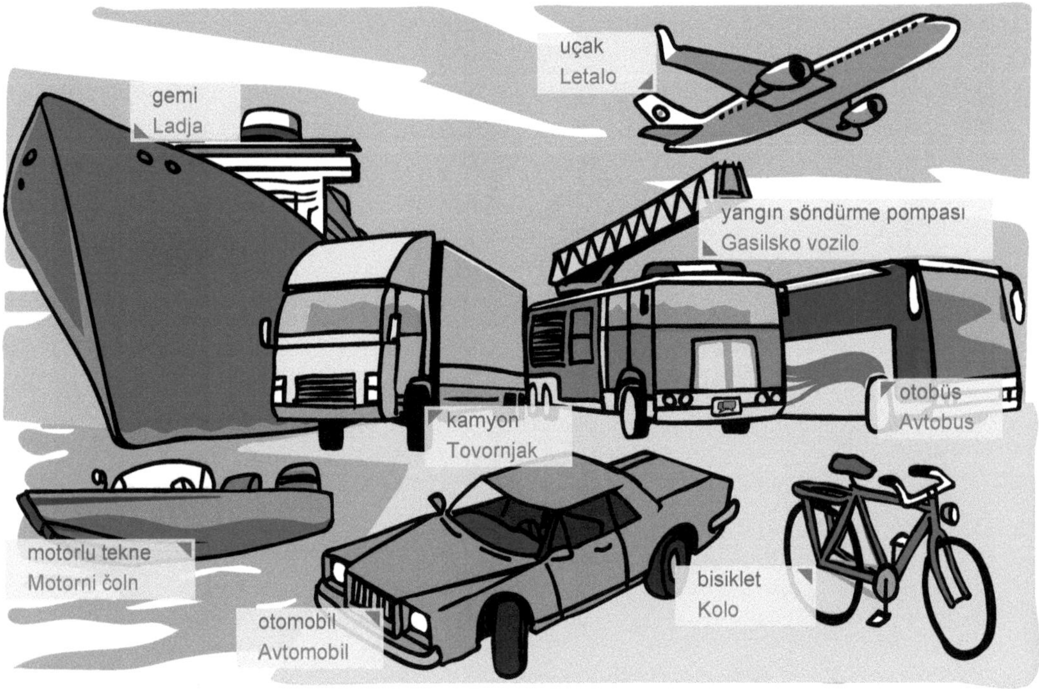

uçak
Letalo

gemi
Ladja

yangın söndürme pompası
Gasilsko vozilo

otobüs
Avtobus

kamyon
Tovornjak

motorlu tekne
Motorni čoln

bisiklet
Kolo

otomobil
Avtomobil

feribot
Trajekt

bot
Čoln

motosiklet
Motorno kolo

polis arabası
Policijski avto

yarış arabası
Dirkalni avto

kiralık araba
Najeto vozilo

ortak araba

Souporaba avtomobila

çekici

Avtovleka

çöp kamyonu

Smetarsko vozilo

motor

Motor

yakıt

Gorivo

benzinlik

Bencinska postaja

trafik işareti

Prometni znak

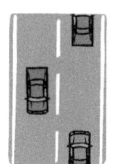

trafik

Promet

trafik sıkışıklığı

Zastoj

otopark

Parkirišče

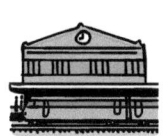

tren istasyonu

Železniška postaja

ray

Tirnice

tren

Vlak

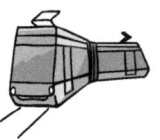

tramvay

Tramvaj

vagon

Vagon

ulaşım - Prevoz

helikopter

Helikopter

havaalanı

Letališče

kule

Stolp

yolcu

Potnik

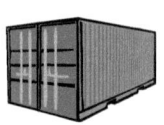

konteyner

Kontejner

koli

Karton

yük arabası

Voziček

sepet

Košara

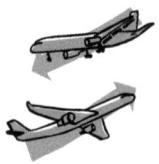

kalkış / iniş

vzleteti / pristati

şehir
Mesto

köy

Vas

şehir merkezi

Mestno jedro

ev

Hiša

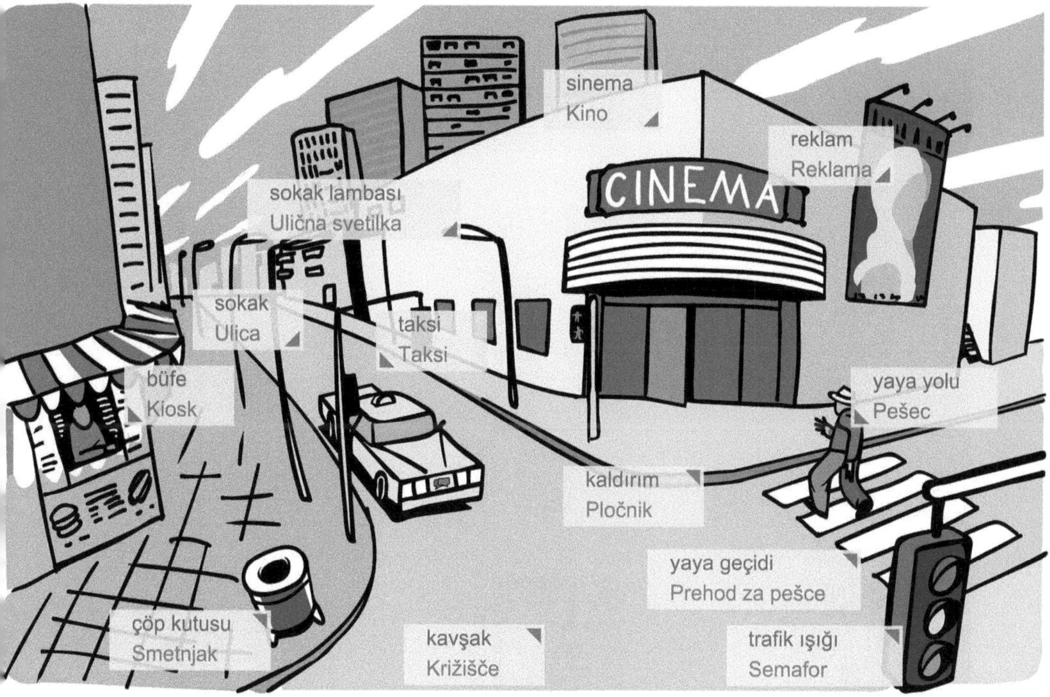

Illustration labels

sinema / Kino

reklam / Reklama

sokak lambası / Ulična svetilka

CINEMA

sokak / Ulica

taksi / Taksi

büfe / Kiosk

yaya yolu / Pešec

kaldırım / Pločnik

yaya geçidi / Prehod za pešce

çöp kutusu / Smetnjak

kavşak / Križišče

trafik ışığı / Semafor

kulübe

Koča

apartman dairesi

Stanovanje

tren istasyonu

Železniška postaja

belediye binası

Mestna hiša

müze

Muzej

okul

Šola

üniversite

Univerza

banka

Banka

hastane

Bolnišnica

otel

Hotel

eczane

Lekarna

ofis

Pisarna

kitapçı

Knjigarna

mağaza

Trgovina

çiçekçi

Cvetličarna

süpermarket

Supermarket

market

Tržnica

büyük mağaza

Veleblagovnica

balık satıcısı

Ribarnica

alışveriş merkezi

Nakupovalno središče

liman

Pristanišče

park

Park

bank

Klop

köprü

Most

merdiven

Stopnice

metro

Podzemna železnica

tünel

Predor

otobüs durağı

Avtobusno postajališče

bar

Bar

restoran

Restavracija

posta kutusu

Poštni nabiralnik

sokak tabelası

Ulična tabla

otopark sayacı

Parkirna ura

hayvanat bahçesi

Živalski vrt

yüzme havuzu

Kopališče

cami

Mošeja

çiftlik

Kmetija

kirlilik

Onesnaževanje

mezarlık

Pokopališče

kilise

Cerkev

oyun alanı

Otroško igrišče

tapınak

Tempelj

arazi
Pokrajina

yaprak
List

yön tabelası
Kažipot

yol
Pot

çayır
Travnik

taş
Kamen

ağaç
Drevo

yürüyüşçü
Pohodnik

ırmak
Reka

çimen
Trava

çiçek
Cvetlica

vadi
Dolina

tepe
Hrib

göl
Jezero

orman
Gozd

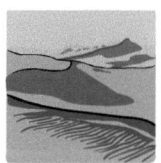

çöl
Puščava

volkan
Vulkan

kale
Grad

gökkuşağı
Mavrica

mantar
Goba

palmiye
Palma

sivrisinek
Komar

sinek
Muha

karınca
Mravlja

arı
Čebela

örümcek
Pajek

böcek

Hrošč

kurbağa

Žaba

sincap

Veverica

kirpi

Jež

yabani tavşan

Zajec

baykuş

Sova

kuş

Ptič

kuğu

Labod

yaban domuzu

Divji prašič

geyik

Jelen

geyik

Los

baraj

Jez

rüzgar türbini

Vetrnica

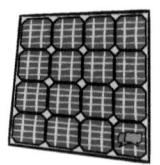

güneş paneli

Solarna plošča

iklim

Podnebje

restoran
Restavracija

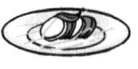

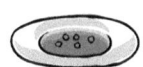

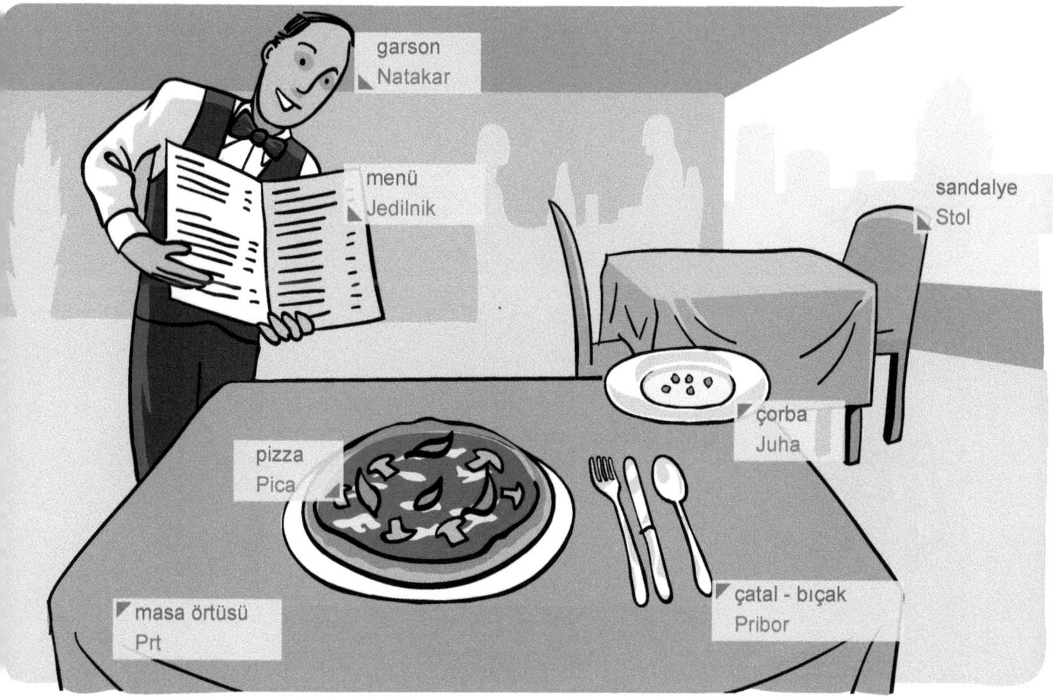
garson
Natakar
menü
Jedilnik
sandalye
Stol
çorba
Juha
pizza
Pica
masa örtüsü
Prt
çatal - bıçak
Pribor

başlangıç

Predjed

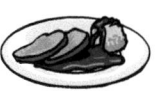

ana yemek

Glavna jed

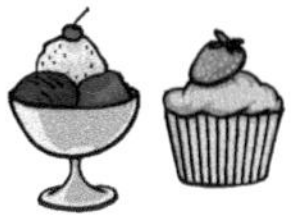

tatlı

Sladica

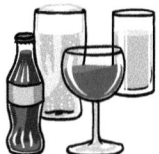

içecekler

Pijače

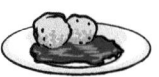

yemek

Hrana

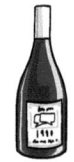

şişe

Steklenica

fastfood

Hitra hrana

sokak yemeği

Ulična hrana

çaydanlık

Čajnik

şekerlik

Sladkornica

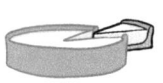

porsiyon

Porcija

espresso makinesi

Aparat za espresso

mama sandalyesi

Stolček za hranjenje

fatura

Račun

tepsi

Pladenj

bıçak

Nož

çatal

Vilica

kaşık

Žlica

çay kaşığı

Čajna žlička

servis peçetesi

Servieta

bardak

Kozarec

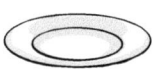

tabak
Krožnik

çorba kasesi
Globoki krožnik

fincan altlığı
Krožniček

sos
Omaka

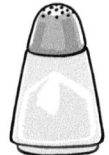

tuzluk
Solnica

karabiber değirmeni
Mlinček za poper

sirke
Kis

yağ
Olje

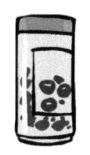

baharat
Začimbe

ketçap
Kečap

hardal
Gorčica

mayonez
Majoneza

süpermarket

Supermarket

özel teklif
Posebna ponudba
FOR
müşteri
Stranka
süt ürünleri
Mlečni izdelki
meyve
Sadje
alışveriş arabası
Nakupovalni voziček

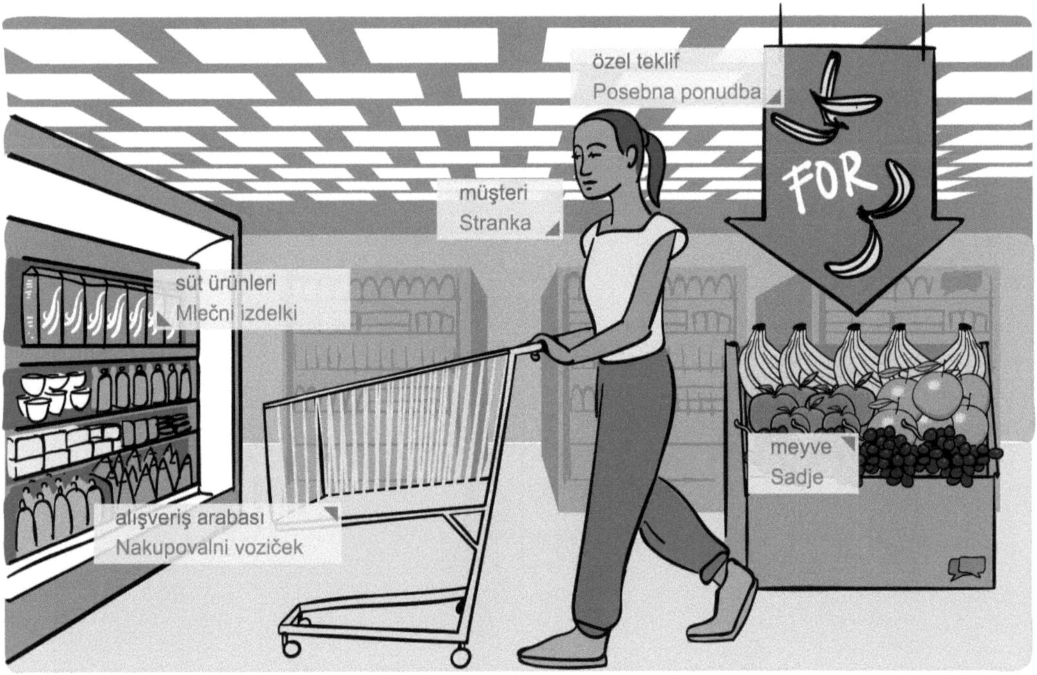

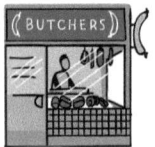

BUTCHERS

kasap

Mesnica

BAKERY

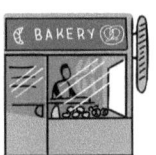

fırın

Pekarna

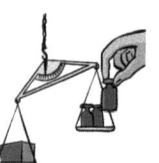

tartmak

Tehtati

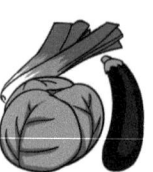

sebze

Zelenjava

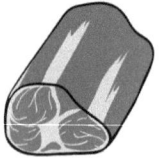

et

Meso

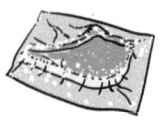

donmuş gıda

Zamrznjena hrana

söğüş et

Hladne mesnine

konserve yiyecek

Konzerve

toz deterjan

Pralni prašek

şekerlemeler

Sladkarije

ev temizlik ürünleri

Gospodinjski izdelki

temizlik ürünleri

Čistilno sredstvo

satış görevlisi

Prodajalka

yazar kasa

Blagajna

kasiyer

Blagajnik

alışveriş listesi

Nakupovalni seznam

açılış saatleri

Delovni čas

cüzdan

Denarnica

kredi kartı

Kreditna kartica

çanta

Torba

plastik poşet

Plastična vrečka

su
Voda

meyve suyu
Sok

süt
Mleko

kola
Kola

şarap
Vino

bira
Pivo

alkol
Alkohol

kakao
Kakav

çay
Čaj

kahve
Kava

espresso
Espresso

kapuçino
Kapučino

muz

Banana

elma

Jabolko

portakal

Pomaranča

kavun

Lubenica

limon

Limona

havuç

Korenje

sarımsak

Česen

bambu

Bambus

soğan

Čebula

mantar

Goba

çerez

Oreščki

makarna

Rezanci

spagetti

Špageti

pirinç

Riž

salata

Solata

cips

Ocvrt krompirček

patates kızartması

Pečen krompir

pizza

Pica

hamburger

Hamburger

sandviç

Sendvič

şinitzel

Zrezek

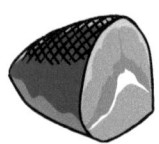

pastırma

Šunka

salam

Salama

sosis

Klobasa

tavuk

Piščanec

rosto

Pečenka

balık

Riba

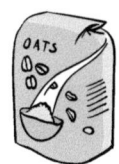

yulaf ezmesi

Ovseni kosmiči

müsli

Musli

mısır gevreği

Koruzni kosmiči

un

Moka

kruvasan

Rogljiček

küçük ekmek

Žemlja

ekmek

Kruh

tost

Prepečenec

bisküvi

Piškoti

tereyağı

Maslo

kaymak

Skuta

kek

Torta

yumurta

Jajce

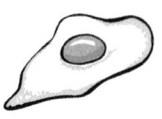

sahanda yumurta

Pečeno jajce na oko

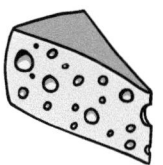

peynir

Sir

dondurma

Sladoled

şeker

Sladkor

bal

Med

reçel

Marmelada

fındık ezmesi

Čokoladni namaz

köri

Kari

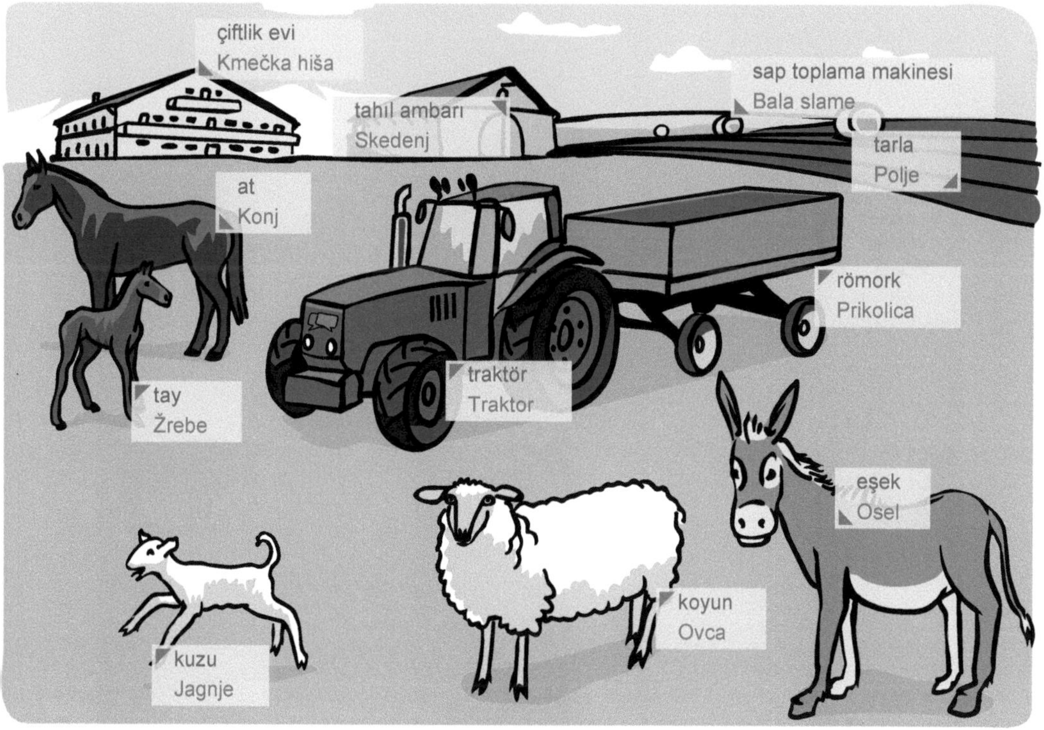

çiftlik evi
Kmečka hiša

tahil ambarı
Skedenj

sap toplama makinesi
Bala slame

tarla
Polje

at
Konj

römork
Prikolica

traktör
Traktor

tay
Žrebe

eşek
Osel

koyun
Ovca

kuzu
Jagnje

keçi

Koza

inek

Krava

buzağı

Tele

domuz

Prašič

domuz yavrusu

Pujsek

boğa

Bik

kaz

Gos

ördek

Raca

civciv

Piščanec

tavuk

Kokoš

horoz

Petelin

sıçan

Podgana

kedi

Mačka

fare

Miš

öküz

Vol

köpek

Pes

köpek kulübesi

Pasja uta

bahçe hortumu

Cev za zalivanje

sulama kabı

Kangla za zalivanje

tırpan

Kosa

pulluk

Plug

orak

Srp

çapa

Motika

dirgen

Vile

balta

Sekira

el arabası

Samokolnica

yemlik

Korito

süt kovası

Kangla za mleko

çuval

Vreča

çit

Ograja

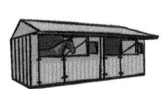

ahır

Hlev

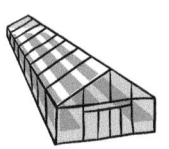

sera

Rastlinjak

toprak

Prst

tohum

Seme

gübre

Gnojilo

biçerdöver

Kombajn

hasat etmek

Žeti

harman

Žetev

tatlı patates

Jam

buğday

Pšenica

soya

Soja

patates

Krompir

mısır

Koruza

kolza

Oljna ogrščica

meyve ağacı

Sadno drevo

manyok

Maniok

hububat

Žito

ev

Hiša

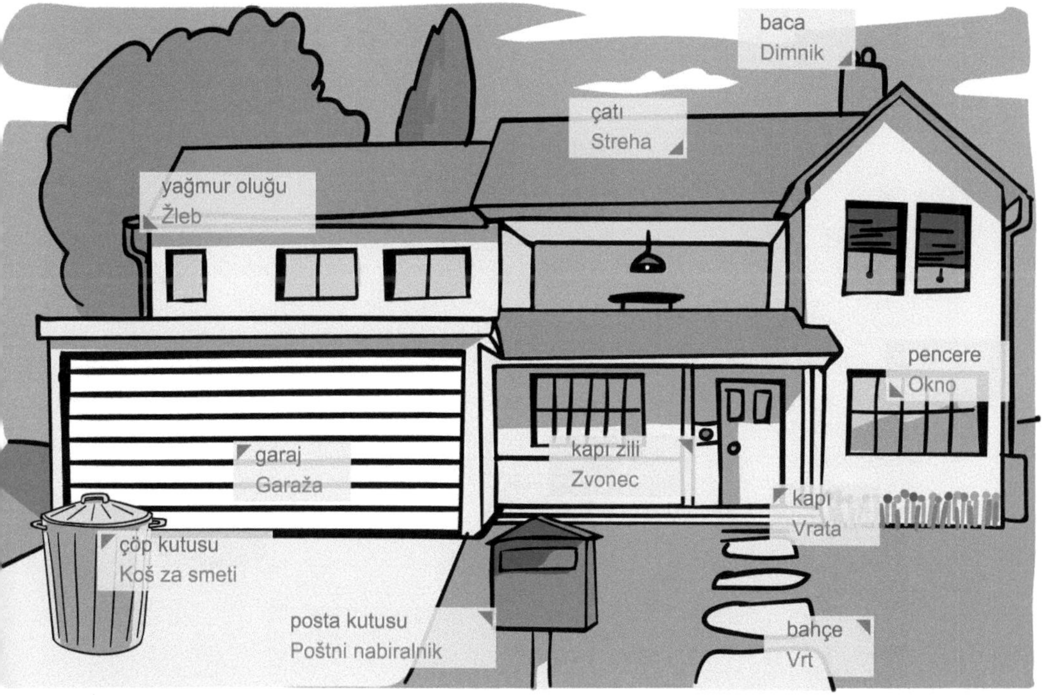
baca
Dimnik
çatı
Streha
yağmur oluğu
Žleb
pencere
Okno
garaj
Garaža
kapı zili
Zvonec
kapı
Vrata
çöp kutusu
Koš za smeti
posta kutusu
Poštni nabiralnik
bahçe
Vrt

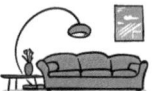

oturma odası

Dnevna soba

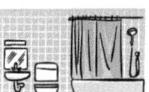

banyo

Kopalnica

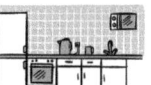

mutfak

Kuhinja

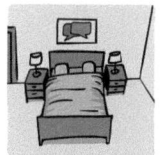

yatak odası

Spalnica

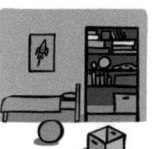

çocuk odası

Otroška soba

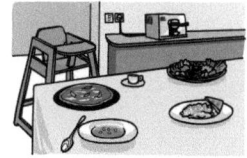

yemek odası

Jedilnica

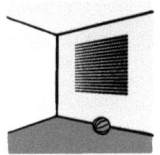

zemin

Tla

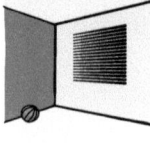

duvar

Stena

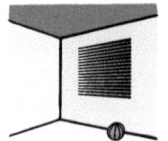

tavan

Strop

kiler

Klet

sauna

Savna

balkon

Balkon

teras

Terasa

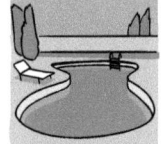

havuz

Bazen

çim biçme makinesi

Kosilnica

çarşaf

Rjuha

yatak örtüsü

Posteljno pregrinjalo

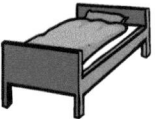

yatak

Postelja

süpürge

Metla

kova

Vedro

anahtar

Stikalo

oturma odası
Dnevna soba

duvar kağıdı
Tapeta
resim
Slika
lamba
Svetilka
raf
Polica
dolap
Omara
televizyon
Televizor
şömine
Kamin
çiçek
Cvetlica
minder
Blazina
kanepe
Zofa
vazo
Vaza
uzaktan kumanda
Daljinski upravljalnik

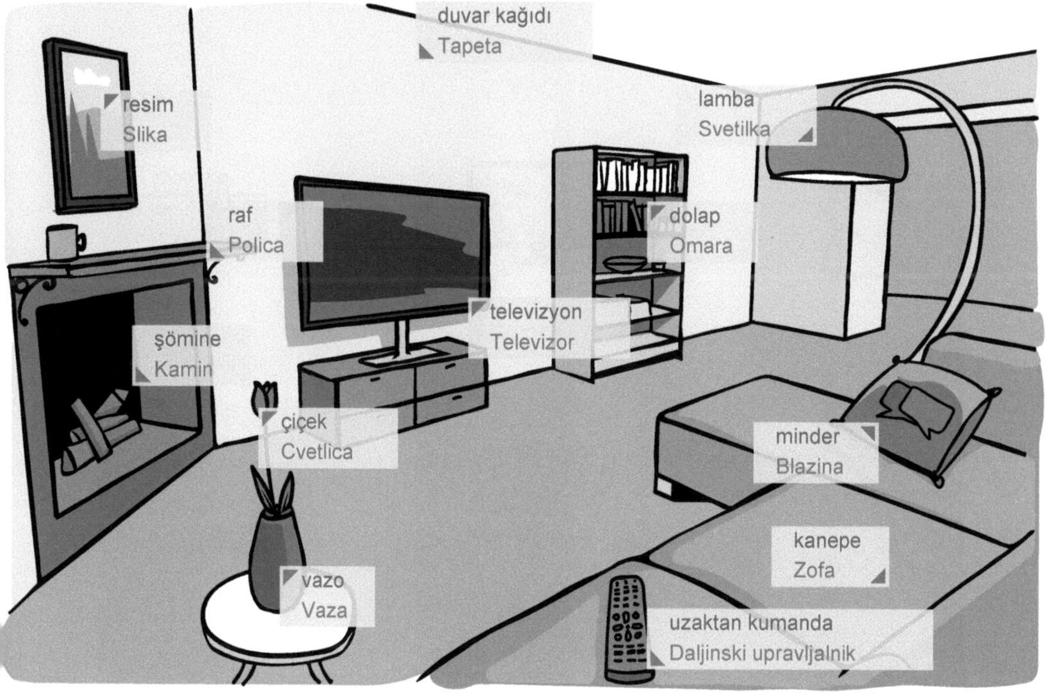

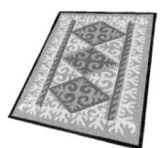

halı
Preproga

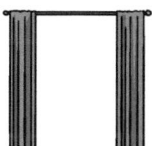

perde
Zavesa

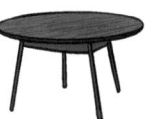

masa
Miza

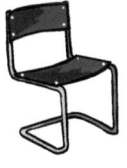

sandalye
Stol

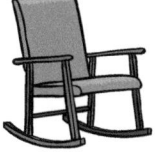

salıncaklı koltuk
Gugalnik

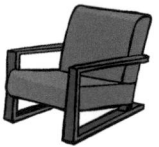

koltuk
Naslanjač

kitap

Knjiga

battaniye

Odeja

dekor

Dekoracija

odun

Drva

film

Film

hi-fi

Glasbeni stolp

anahtar

Ključ

gazete

Časopis

tablo

Slika

poster

Plakat

radyo

Radio

defter

Beležka

elektrikli süpürge

Sesalnik

kaktüs

Kaktus

mum

Sveča

mutfak
Kuhinja

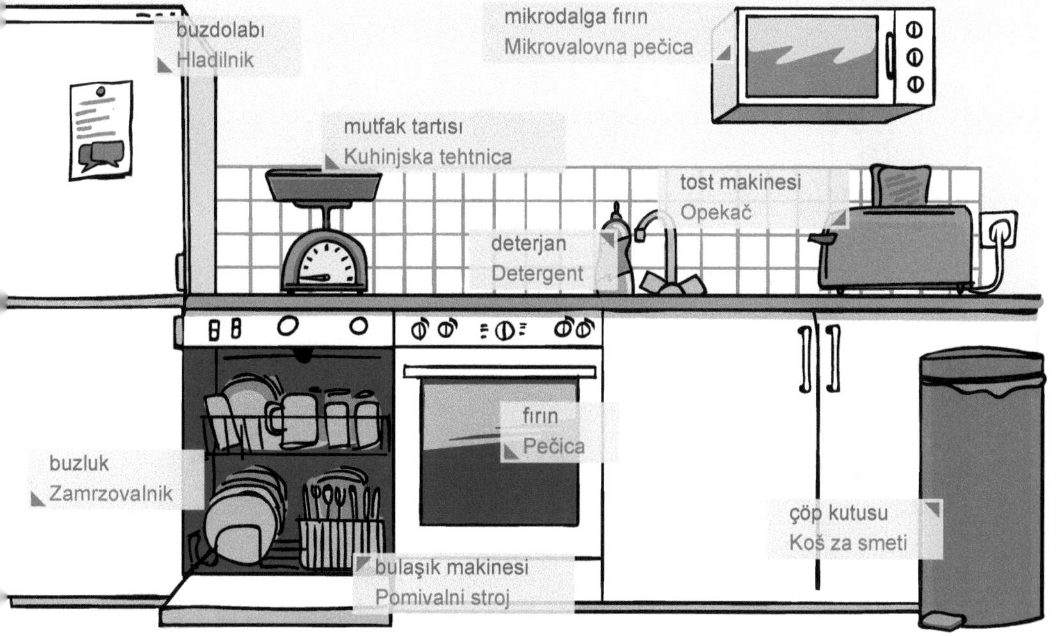
buzdolabı
Hladilnik
mikrodalga fırın
Mikrovalovna pečica
mutfak tartısı
Kuhinjska tehtnica
tost makinesi
Opekač
deterjan
Detergent
fırın
Pečica
buzluk
Zamrzovalnik
çöp kutusu
Koš za smeti
bulaşık makinesi
Pomivalni stroj

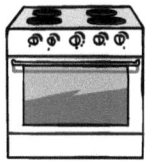

ocak

Kozica

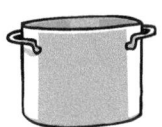

tencere

Lonec

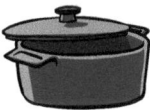

döküm tencere

Litoželezni lonec

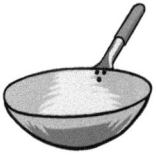

wok

Vok / kadai

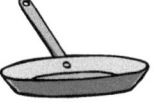

tava

Ponev

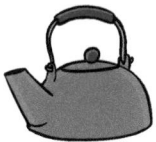

su ısıtıcı

Kotliček

buharlı pişirici

Parni kuhalnik

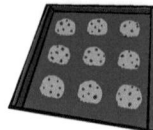

pişirme tepsisi

Pekač

tabak takımı

Posoda

kupa

Skodelica

kase

Skleda

çubuk (çin yemeği)

Jedilne paličice

kepçe

Zajemalka

spatula

Lopatica

çırpma teli

Metlica

süzgeç

Cedilnik

elek

Cedilo

rende

Strgalo

havan

Možnar

barbekü

Žar

açık ateş

Ognjišče

kesme tahtası

Deska za rezanje

merdane

Valjar

tirbüşon

Odpirač za steklenice

konserve kutusu

Pločevinka

konserve açacağı

Odpirač za konzerve

fırın eldiveni

Prijemalka za posodo

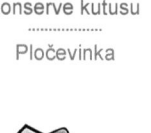

evye

Korito

fırça

Ščetka

sünger

Goba

blender

Mešalnik

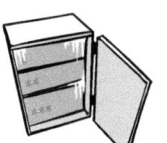

derin dondurucu

Zamrzovalna skrinja

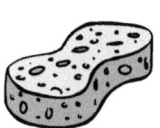

biberon

Steklenička

musluk

Pipa

banyo
Kopalnica

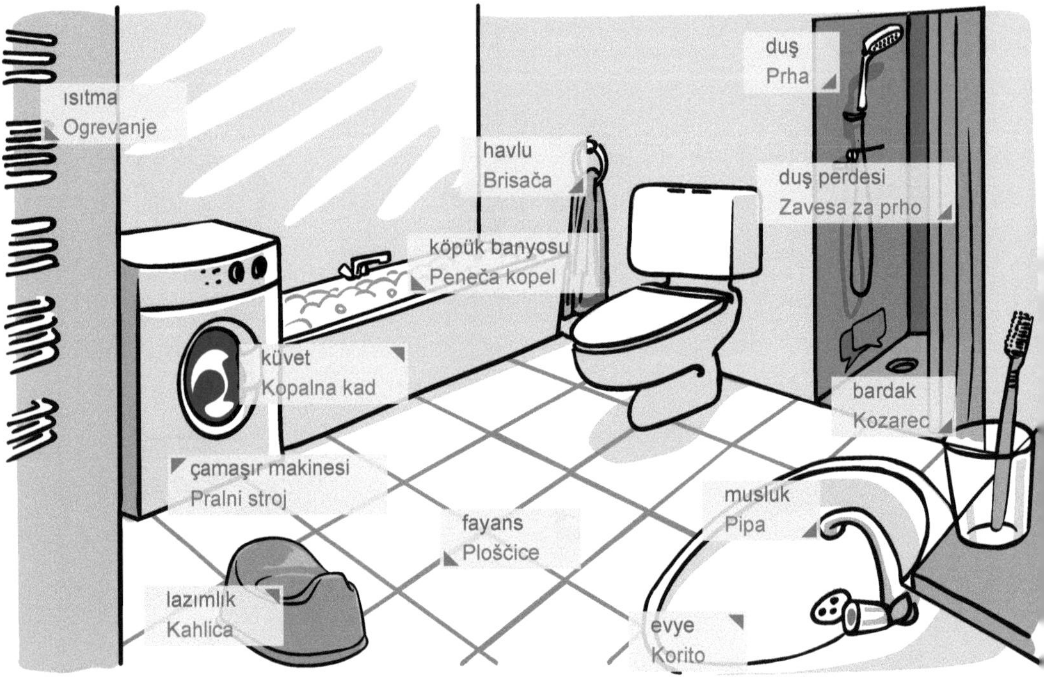
ısıtma
Ogrevanje
havlu
Brisača
duş
Prha
duş perdesi
Zavesa za prho
köpük banyosu
Peneča kopel
küvet
Kopalna kad
bardak
Kozarec
çamaşır makinesi
Pralni stroj
musluk
Pipa
fayans
Ploščice
lazımlık
Kahlica
evye
Korito

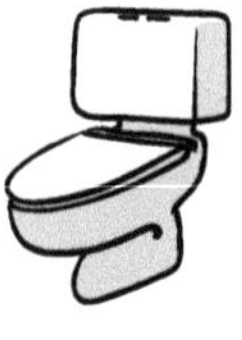

tuvalet

Stranišče

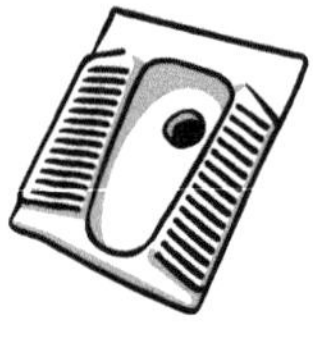

alaturka tuvalet

Stranišče na počep

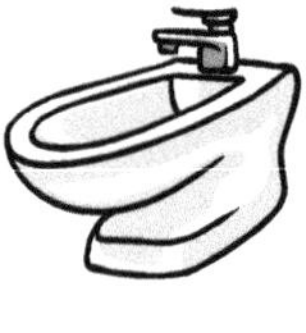

bide

Bide

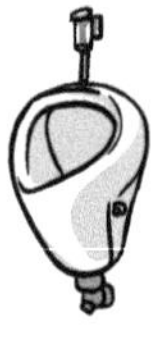

pisuvar

Pisoar

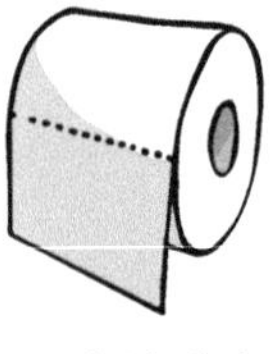

tuvalet kağıdı

Toaletni papir

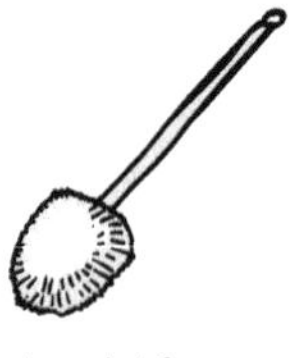

tuvalet fırçası

Ščetka za straniščno školjko

diş fırçası

Zobna ščetka

diş macunu

Zobna pasta

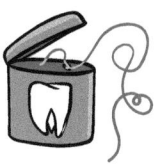

diş ipi

Zobna nitka

yıkamak

Umiti se

duş başlığı

Ročna prha

duş başlığı şeklinde taharet musluğu

Prha za intimne dele

küvet

Umivalnik

banyo fırçası

Krtača za hrbet

sabun

Milo

duş jeli

Gel za prhanje

şampuan

Šampon

banyo lifi

Krpica za miljenje

gider

Odtok

krem

Krema

deodorant

Deodorant

ayna
Ogledalo

el aynası
Ročno ogledalo

jilet
Britvica

tıraş köpüğü
Pena za britje

tıraş losyonu
Vodica po britju

tarak
Glavnik

fırça
Ščetka

saç kurutma makinesi
Sušilnik za lase

saç spreyi
Lak za lase

makyaj
Ličila

ruj
Šminka

tırnak cilası
Lak za nohte

pamuk
Vatirane blazinice

tırnak makası
Škarjice za nohte

parfüm
Parfum

makyaj çantası

Toaletna torbica

tabure

Stol brez naslonjala

tartı

Osebna tehtnica

bornoz

Kopalni plašč

lastik eldiven

Gumijaste rokavice

tampon

Tampon

kadın pedi

Damski vložki

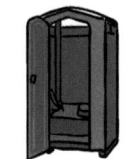

kimyevi tuvalet

Kemično stranišče

çocuk odası
Otroška soba

çalar saat
Budilka
peluş oyuncak
Plišasta igrača
oyuncak araba
Avtomobilček
çıngırak
Ropotuljica
bebek evi
Hiška za punčke
hediye
Darilo

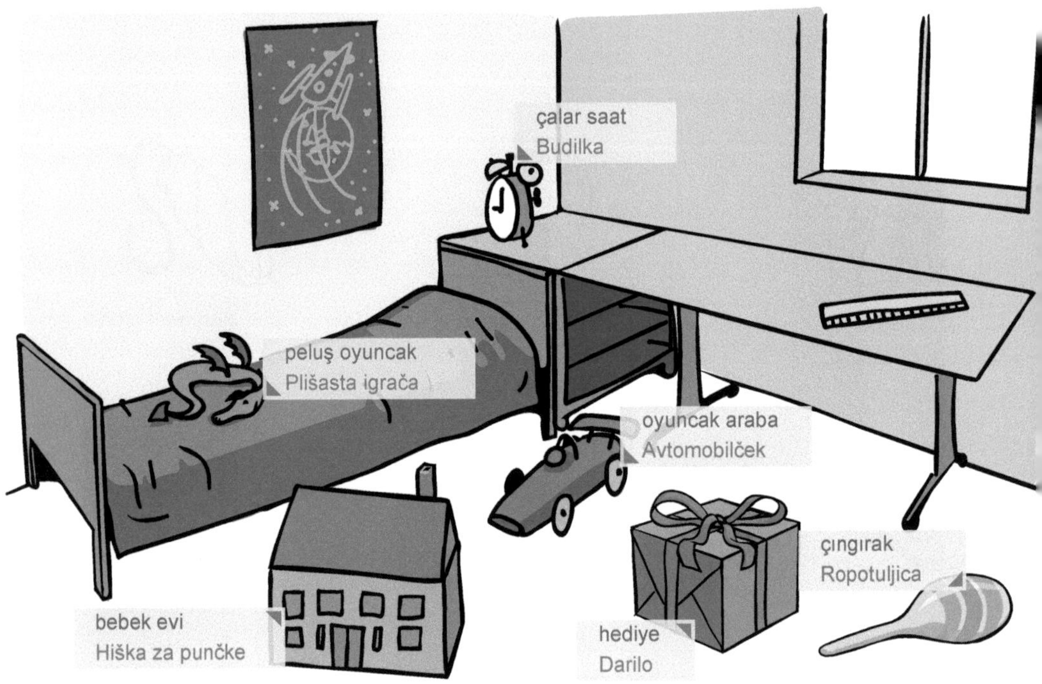

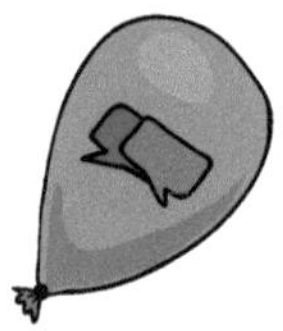

balon

Balon

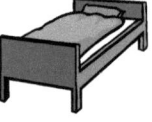

yatak

Postelja

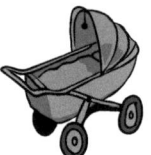

bebek arabası

Otroški voziček

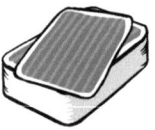

kart destesi

Igralne karte

yapboz

Sestavljanka

SUPER
MEGA

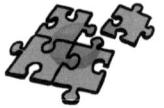

çizgi roman

Strip

lego tuğlaları

Lego kocke

lego blokları

Igralne kocke

aksiyon figürü

Akcijska figura

zıbın

Bodi

frizbi

Frizbi

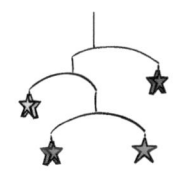

dönence

Vrtiljak za posteljico

masa oyunu

Namizna igra

zar

Kocka

model tren seti

Komplet modelov vlakov

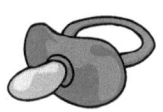

emzik

Duda

parti

Zabava

resimli kitap

Slikanica

top

Žoga

oyuncak bebek

Lutka

oynamak

Igrati se

kum havuzu

Peskovnik

salıncak

Gugalnica

oyuncaklar

Igrače

video oyun konsolu

Igralna konzola

üç tekerlekli bisiklet

Tricikel

oyuncak ayı

Plišasti medvedek

gardırop

Garderoba

kıyafet
Oblačilo

çorap

Nogavice

külotlu çorap

Samostoječe nogavice

tayt

Hlačne nogavice

eşarp
Šal

kemer
Pas

şemsiye
Dežnik

tişört
Majica s kratkimi rokavi

spor ayakkabı
Športni copati

bot
Škornji

terlik
Copati

sandalet
Sandali

ayakkabı
Čevlji

lastik çizme
Gumijasti škornji

külot
Spodnje hlače

sütyen
Modrček

yelek
Telovnik

kıyafet - Oblačilo
45

dar bluz

Bodi

pantolon

Hlače

kot pantolon

Kavbojke

etek

Krilo

bluz

Bluza

gömlek

Srajca

kazak

Pulover

süveter

Pletena jopica

blazer

Jopa

ceket

Jakna

mont

Plašč

yağmurluk

Dežni plašč

kostüm

Kostim

elbise

Obleka

gelinlik

Poročna obleka

takım elbise

Obleka

gecelik

Spalna srajca

pijama

Pižama

sari

Sari

baş örtüsü

Naglavna ruta

türban

Turban

burka

Burka

kaftan

Kaftan

çarşaf

Abaja

mayo

Kopalke

erkek mayosu

Kopalne hlače

şort

Kratke hlače

eşofman

Trenirka

önlük

Predpasnik

eldiven

Rokavice

düğme

Gumb

gözlük

Očala

bilezik

Zapestnica

kolye

Verižica

yüzük

Prstan

küpe

Uhan

kep

Kapa

portmanto

Obešalnik

şapka

Klobuk

kravat

Kravata

fermuar

Zadrga

kask

Čelada

pantolon askısı

Naramnice

okul forması

Šolska uniforma

üniforma

Uniforma

kıyafet - Oblačilo

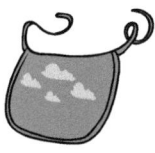

mama önlüğü

Slinček

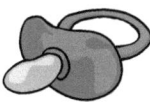

emzik

Duda

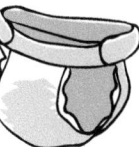

bebek bezi

Plenica

ofis

Pisarna

sunucu
Strežnik
dosya dolabı
Kartotečna omara
kağıt
Papir
yazıcı
Tiskalnik
monitör
Monitor
fare
Miška
masa
Pisalna miza
klasör
Mapa
klavye
Tipkovnica
kağıt çöp kutusu
Koš za smeti
bilgisayar
Računalnik
sandalye
Stol

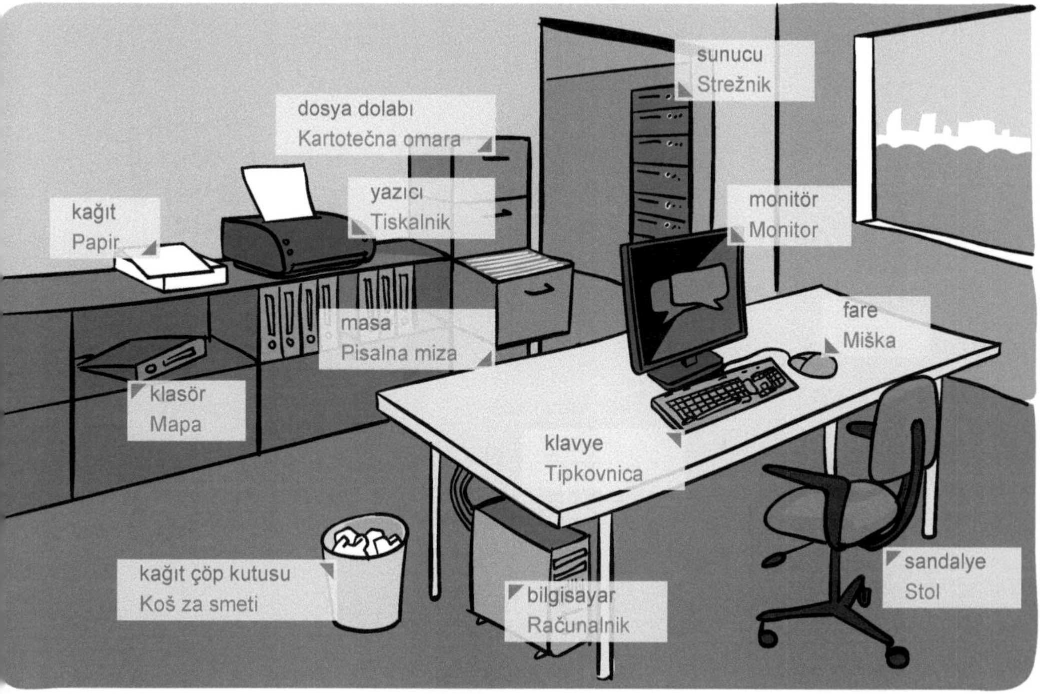

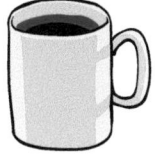

kahve fincanı

Lonček za kavo

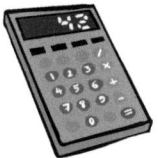

hesap makinesi

Kalkulator

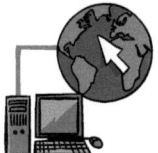

internet

Internet

dizüstü

Prenosnik

mektup

Pismo

mesaj

Sporočilo

cep telefonu

Mobilnik

ağ

Omrežje

fotokopi makinesi

Kopirni stroj

yazılım

Programska oprema

telefon

Telefon

priz

Vtičnica

faks makinesi

Telefaks

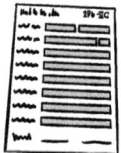

form

Obrazec

belge

Dokument

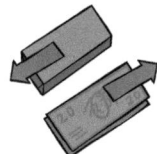

satın almak

Kupiti

ödemek

Plačati

ticaret yapmak

Trgovati

para

Denar

dolar

Dolar

avro

Evro

yen

Jen

ruble

Rubelj

İsviçre frangı

Švičarski frank

Çin yuanı

Kitajski juan renminbi

rupi

Rupija

kasa

Bankomat

döviz bürosu

Menjalnica

altın

Zlato

gümüş

Srebro

petrol

Nafta

enerji

Energija

fiyat

Cena

kontrat

Pogodba

vergi

Davek

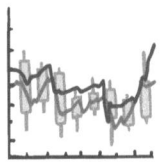

menkul değer

Delnice

çalışmak

Delati

işveren

Delojemalec

işçi

Delodajalec

fabrika

Tovarna

mağaza

Trgovina

ekonomi - Gospodarstvo

polis memuru
Policist

itfaiyeci
Gasilec

aşçı
Kuhar

doktor
Zdravnik

pilot
Pilot

bahçıvan
Vrtnar

marangoz
Mizar

terzi
Šivilja

hakim
Sodnik

kimyager
Kemik

aktör
Igralec

otobüs şoförü

Voznik avtobusa

taksi şoförü

Taksist

balıkçı

Ribič

temizlikçi

Čistilka

çatı ustası

Krovec

garson

Natakar

avcı

Lovec

boyacı

Pleskar

fırıncı

Pek

elektrikçi

Električar

inşaatçı

Gradbenik

mühendis

Inženir

kasap

Mesar

muslukçu

Vodovodni inštalater

postacı

Poštar

asker

Vojak

mimar

Arhitekt

kasiyer

Blagajnik

çiçekçi

Cvetličar

kuaför

Frizer

kondüktör

Sprevodnik

tamirci

Mehanik

kaptan

Kapitan

dişçi

Zobozdravnik

bilim insanı

Znanstvenik

haham

Rabin

imam

Imam

keşiş

Menih

rahip

Duhovnik

aletler
Orodje

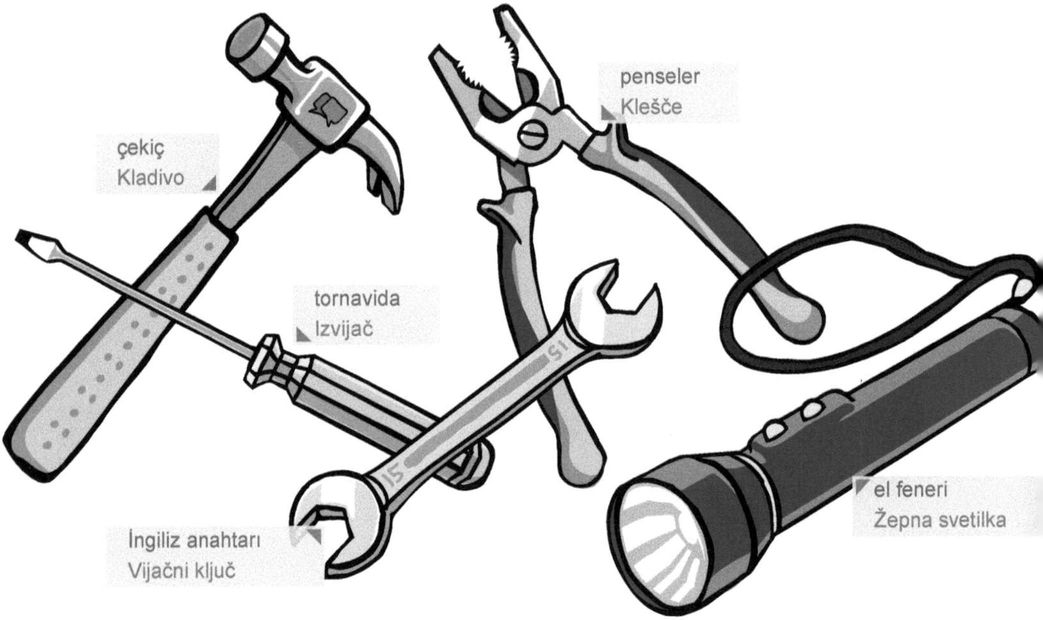

çekiç
Kladivo
penseler
Klešče
tornavida
Izvijač
İngiliz anahtarı
Vijačni ključ
el feneri
Žepna svetilka

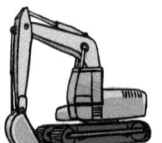

kazı makinesi

Bager

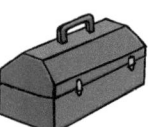

alet çantası

Zaboj z orodjem

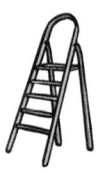

merdiven

Lestev

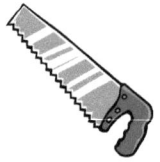

testere

Žaga

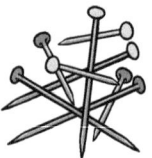

çiviler

Žeblji

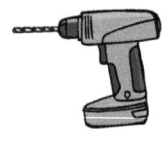

matkap

Vrtalnik

tamir etmek
Popraviti

kürek
Lopata

Kahretsin!
Šment!

faraş
Smetišnica

boya tenekesi
Posoda z barvo

vidalar
Vijaki

müzik enstrümanı
Glasbeni instrument

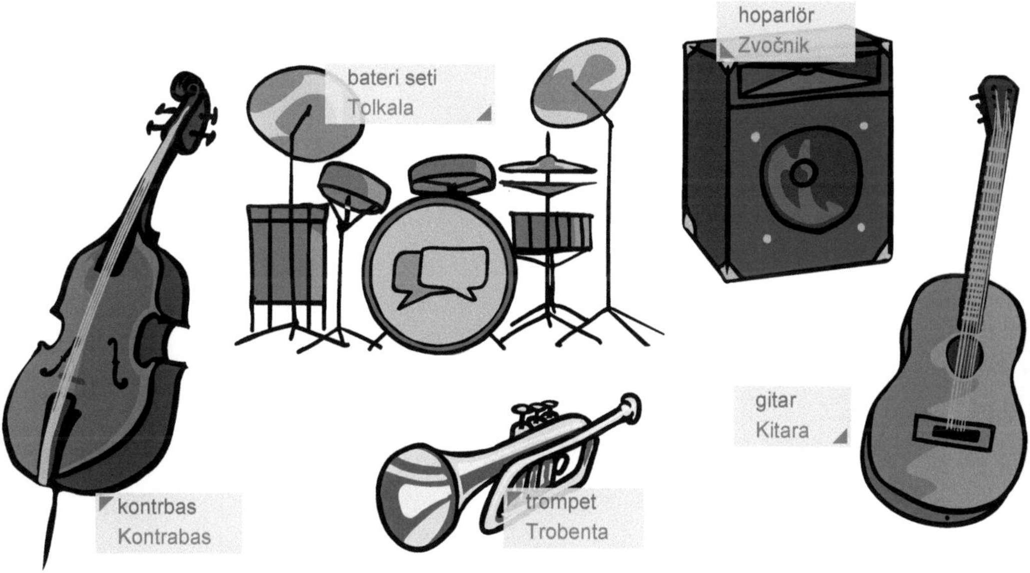

hoparlör
Zvočnik

bateri seti
Tolkala

gitar
Kitara

kontrbas
Kontrabas

trompet
Trobenta

piyano

Klavir

keman

Violina

basgitar

Bas kitara

timpani

Pavke

bateri

Bobni

klavye

Sintetizator

saksafon

Saksofon

flüt

Flavta

mikrofon

Mikrofon

hayvanat bahçesi
Živalski vrt

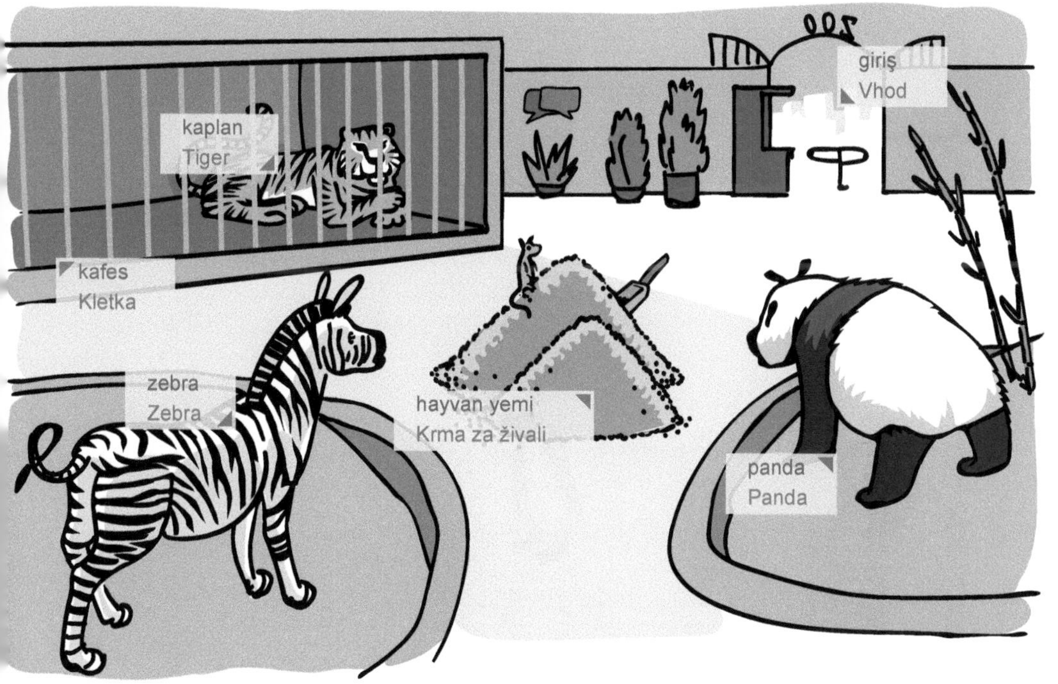

kaplan
Tiger
giriş
Vhod
kafes
Kletka
zebra
Zebra
hayvan yemi
Krma za živali
panda
Panda

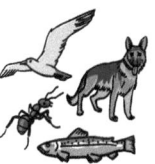

hayvanlar

Živali

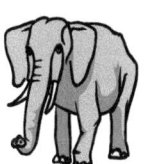

fil

Slon

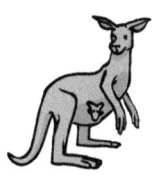

kanguru

Kenguru

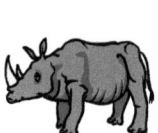

gergedan

Nosorog

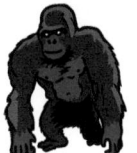

goril

Gorila

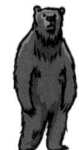

ayı

Medved

deve

Kamela

deve kuşu

Noj

aslan

Lev

maymun

Opica

flamingo

Plamenec

papağan

Papagaj

kutup ayısı

Severni medved

penguen

Pingvin

köpek balığı

Morski pes

tavus kuşu

Pav

yılan

Kača

timsah

Krokodil

hayvanat bahçesi görevlisi

Oskrbnik v živalskem vrtu

fok

Tjulenj

jaguar

Jaguar

midilli atı

Poni

leopar

Leopard

su aygırı

Povodni konj

zürafa

Žirafa

kartal

Orel

yaban domuzu

Divji prašič

balık

Riba

kaplumbağa

Želva

mors

Mrož

tilki

Lisica

ceylan

Gazela

amerikan futbolu
Ameriški nogomet

bisiklete binme
Kolesarjenje

tenis
Tenis

basketbol
Košarka

yüzme
Plavanje

boks
Boks

buz hokeyi
Hokej

futbol
Nogomet

badminton
Badminton

atletizm
Atletika

hentbol
Rokomet

kayak
Smučanje

polo
Polo

atlamak
Skočiti

sarılmak
Objeti

gülmek
Smejati se

yürümek
Hoditi

söylemek
Peti

hayal etmek
Sanjati

dua etmek
Moliti

öpmek
Poljubiti

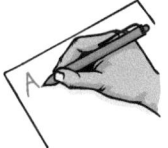

yazmak
Pisati

çizmek
Risati

göstermek
Pokazati

itmek
Potisniti

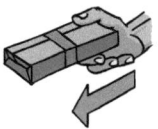

vermek
Dati

almak
Vzeti

sahip olmak

Imeti

yapmak

Narediti

olmak

Biti

ayakta durmak

Stati

koşmak

Teči

çekmek

Vleči

atmak

Vreči

düşmek

Pasti

yalan söylemek

Ležati

beklemek

Čakati

taşımak

Nositi

oturmak

Sedeti

giyinmek

Obleči se

uyumak

Spati

uyanmak

Zbuditi se

bakmak

Gledati

ağlamak

Jokati

vurmak

Božati

taramak

Česati se

konuşmak

Govoriti

anlamak

Razumeti

sormak

Vprašati

dinlemek

Poslušati

içmek

Piti

yemek

Jesti

düzenlemek

Pospraviti

sevmek

Ljubiti

pişirmek

Kuhati

sürmek

Voziti

uçmak

Leteti

denize açılmak

Jadrati

hesapla

Računanje

okumak

Brati

öğrenmek

Učiti se

çalışmak

Delati

evlenmek

Poročiti se

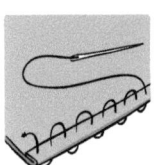

dikmek

Šivati

diş fırçalamak

Ščetkati si zobe

öldürmek

Ubiti

sigara içmek

Kaditi

yollamak

Poslati

büyükanne
Stara mati

büyükbaba
Stari oče

baba
Oče

anne
Mati

bebek
Dojenček

kız
Hči

oğul
Sin

misafir

Gost

teyze

Teta

amca

Stric

erkek kardeş

Brat

kız kardeş

Sestra

vücut

Telo

alın
Čelo
göz
Oko
omuz
Rama
parmak
Prst
yüz
Obraz
çene
Brada
el
Dlan
göğüs
Prsi
bacak
Noga
kol
Roka

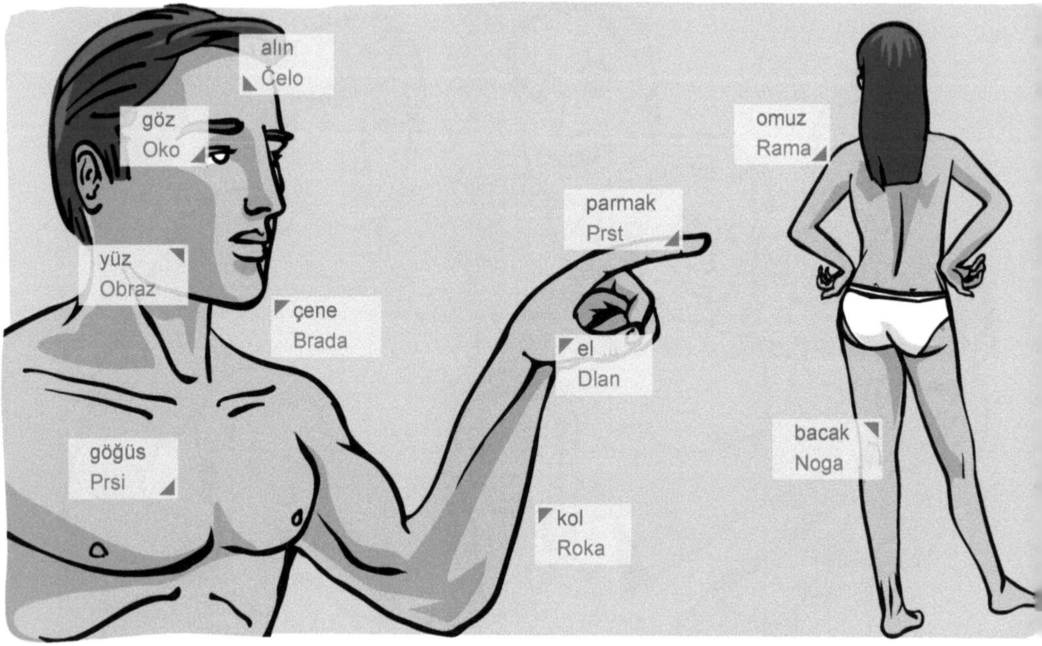

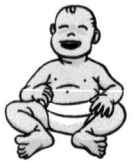

bebek

Dojenček

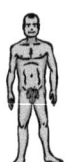

adam

Človek

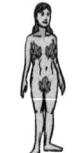

kadın

Ženska

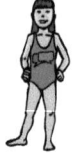

kız

Dekle

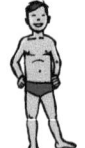

erkek çocuk

Fant

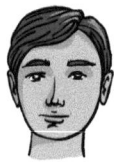

baş

Glava

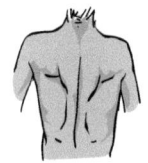

sırt

Hrbet

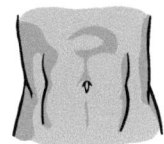

karın

Trebuh

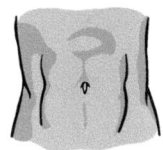

göbek

Popek

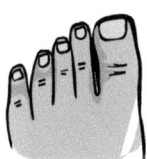

ayak parmağı

Prst na nogi

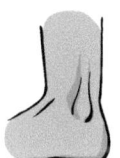

topuk

Peta

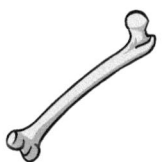

kemik

Kost

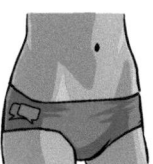

kalça

Kolk

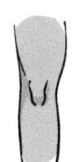

diz

Koleno

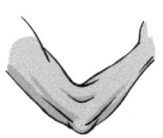

dirsek

Komolec

burun

Nos

kalça

Zadnjica

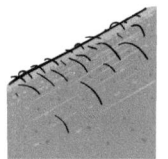

deri

Koža

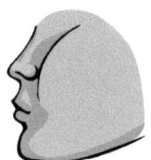

yanak

Lice

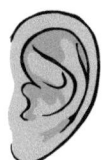

kulak

Uho

dudak

Ustnica

ağız
....
Usta

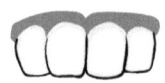

diş
....
Zob

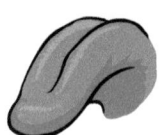

dil
....
Jezik

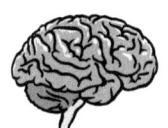

beyin
....
Možgani

kalp
....
Srce

kas
....
Mišica

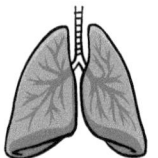

akciğer
....
Pljuča

karaciğer
....
Jetra

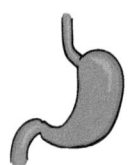

mide
....
Želodec

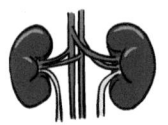

böbrekler
....
Ledvice

seks
....
Spolni odnos

prezervatif
....
Kondom

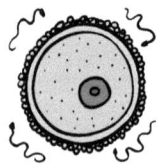

yumurtalık
....
Jajčece

sperm
....
Semenska tekočina

hamilelik
....
Nosečnost

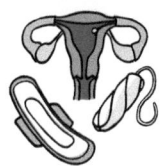

regl

Menstruacija

vajina

Vagina

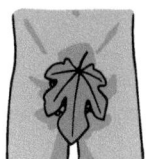

penis

Penis

kaş

Obrv

saç

Lasje

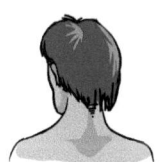

boyun

Vrat

hastane
Bolnišnica

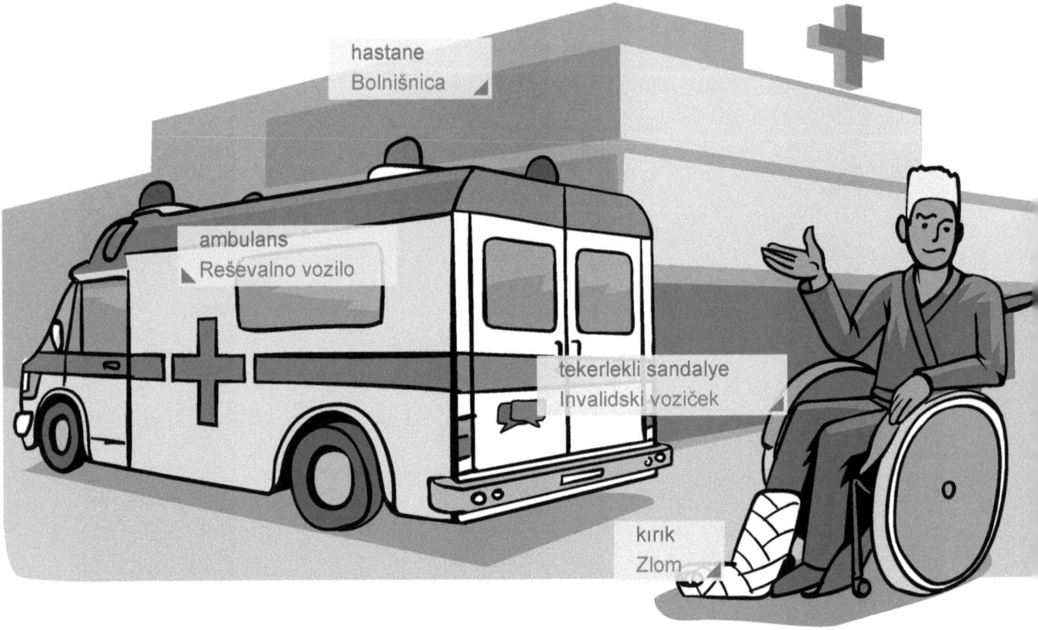

hastane
Bolnišnica
ambulans
Reševalno vozilo
tekerlekli sandalye
Invalidski voziček
kırık
Zlom

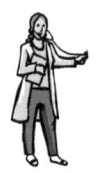

doktor

Zdravnik

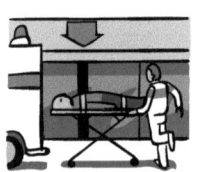

acil servis

Urgenca

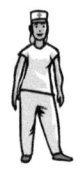

hemşire

Medicinska sestra

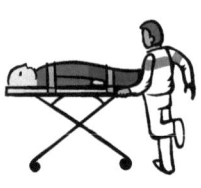

acil

Nujni primer

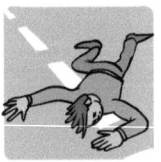

baygın

Nezavesten

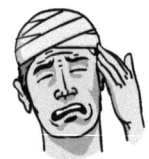

acı

Bolečina

yaralanma

Poškodba

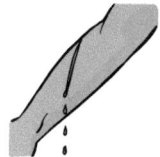

kanama

Krvavenje

kalp krizi

Srčni infarkt

felç

Kap

alerji

Alergija

öksürük

Kašelj

ateş

Vročina

grip

Gripa

ishal

Driska

baş ağrısı

Glavobol

kanser

Rak

şeker hastalığı

Sladkorna bolezen

cerrah

Kirurg

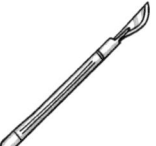

neşter

Skalpel

operasyon

Operacija

bilgisayarlı tomografi

CT

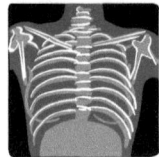

röntgen

Rentgen

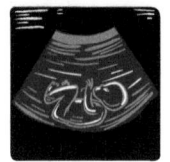

ultrason

Ultrazvok

yüz maskesi

Obrazna maska

hastalık

Bolezen

bekleme odası

Čakalnica

koltuk değneği

Bergla

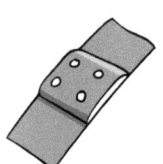

yara bandı

Obliž

bandaj

Preveza

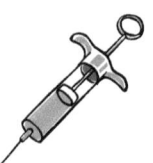

enjeksiyon

Injekcija

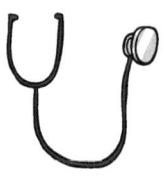

steteskop

Stetoskop

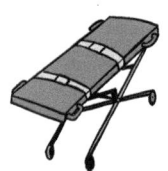

sedye

Nosila

tıbbi termometre

Klinični termometer

doğum

Porod

fazla kilo

Prekomerna teža

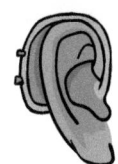

işitme cihazı
Slušni pripomoček

dezenfektan
Razkužilo

enfeksiyon
Okužba

virüs
Virus

HIV / AIDS
HIV / AIDS

ilaç
Medicina

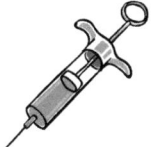

aşı
Cepljenje

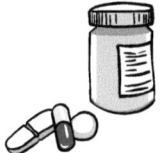

tablet
Tablete

hap
Tableta

acil çağrı
Klic v sili

tansiyon aleti
Merilnik krvnega tlaka

hasta / sağlıklı
bolano / zdravo

İmdat!

Na pomoč!

alarm

Alarm

darp

Napad

saldırı

Napad

tehlike

Nevarnost

acil çıkış

Izhod v sili

Yangın!

Gori!

yangın tüpü

Gasilni aparat

kaza

Nezgoda

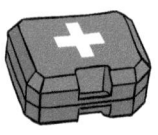

ilk yardım çantası

Komplet za prvo pomoč

imdat

SOS

polis

Policija

Avrupa

Evropa

Kuzey Amerika

Severna Amerika

Güney amerika

Južna Amerika

Afrika

Afrika

Asya

Azija

Avustralya

Avstralija

Atlantik

Atlantski ocean

Pasifik

Tihi ocean

Hint Okyanusu

Indijski ocean

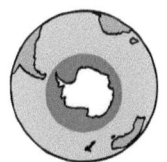

Antarktika Okyanusu

Južni ocean

Arktik Okyanusu

Arktični ocean

Kuzey Kutbu

Severni tečaj

Güney Kutbu

Južni tečaj

Antarktika

Antarktika

dünya

Zemlja

kara

Kopno

deniz

Morje

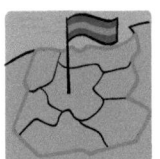

ada

Otok

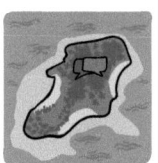

ulus

Narod

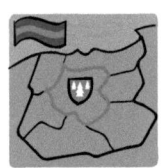

ülke

Država

dünya - Zemlja

kadran

Števílčnica

akrep

Urni kazalec

yelkovan

Minutni kazalec

saniye ibresi

Sekundni kazalec

Saat kaç?

Koliko je ura?

gün

Dan

zaman

Čas

şimdi

Zdaj

dijital saat

Digitalna ura

dakika

Minuta

saat

Ura

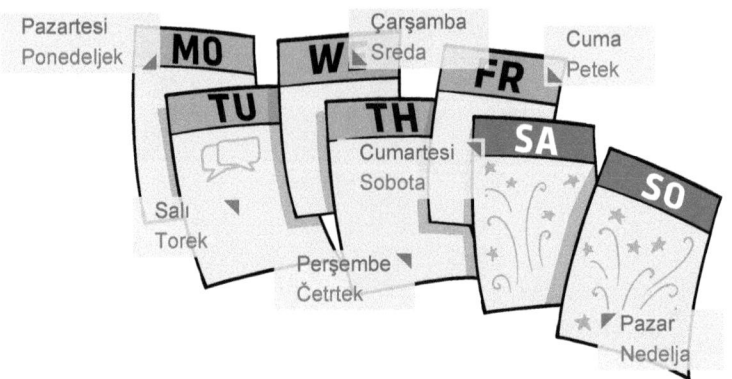

Pazartesi / Ponedeljek — MO
Çarşamba / Sreda — W
Cuma / Petek — FR
TU
TH
SA
Salı / Torek
Cumartesi / Sobota
SO
Perşembe / Četrtek
Pazar / Nedelja

dün

Včeraj

bugün

Danes

yarın

Jutri

sabah

Jutro

öğle

Poldne

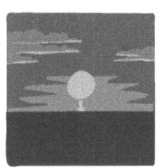

akşam

Večer

MO	TU	WE	TH	FR	SA	SU
1	2	3	4	5	6	7
8	9	10	11	12	13	14
15	16	17	18	19	20	21
22	23	24	25	26	27	28
29	30	31	1	3	3	4

iş günleri

Delovni dnevi

MO	TU	WE	TH	FR	SA	SU
1	2	3	4	5	6	7
8	9	10	11	12	13	14
15	16	17	18	19	20	21
22	23	24	25	26	27	28
29	30	31	1	2	3	4

hafta sonu

Konec tedna

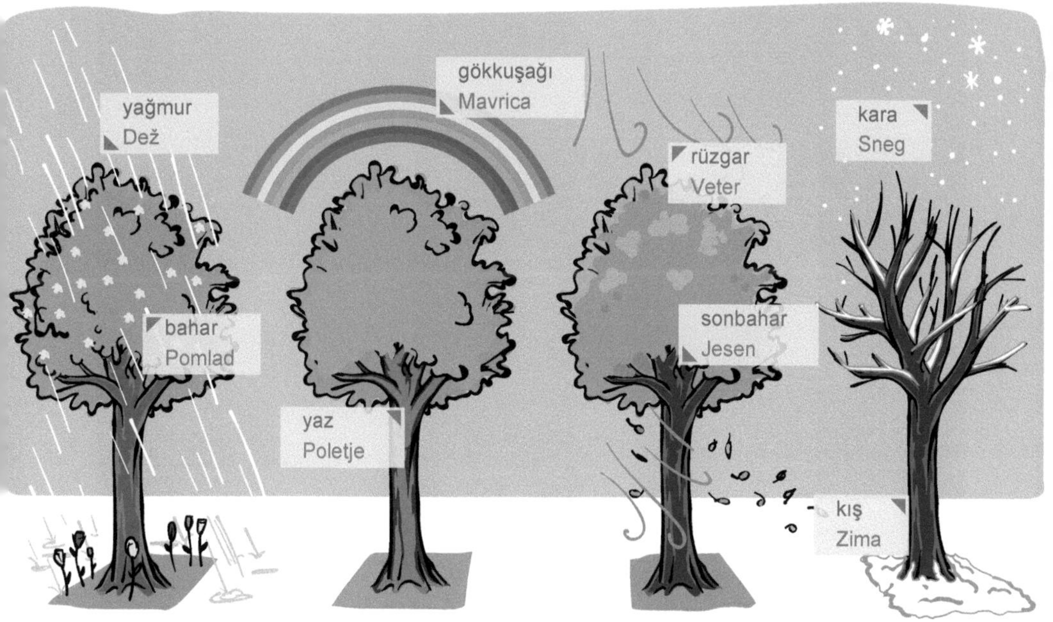

yağmur
Dež
gökkuşağı
Mavrica
rüzgar
Veter
kara
Sneg
bahar
Pomlad
sonbahar
Jesen
yaz
Poletje
kış
Zima

4.APRIL 11°
5.APRIL 4°
6.APRIL 13°
7.APRIL 8°
8.APRIL 10°

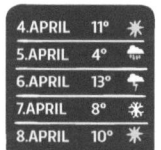

hava durumu tahmini

Vremenska napoved

F C
120 40
90 30
60 20
30 10
0 0
-30 -10
-20

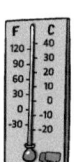

termometre

Termometer

güneş ışığı

Sončna svetloba

bulut

Oblak

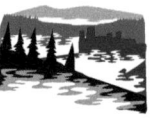

sis

Megla

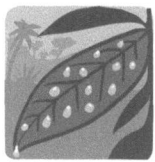

nem

Vlažnost

şimşek

Strela

gök gürültüsü

Grom

fırtına

Nevihta

dolu

Toča

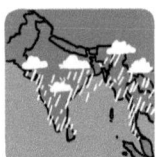

muson

Monsun

sel

Poplava

buz

Led

Ocak

Januar

Şubat

Februar

Mart

Marec

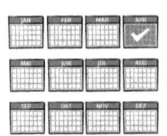

Nisan

April

Mayıs

Maj

Haziran

Junij

Temmuz

Julij

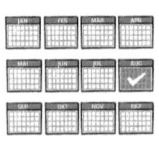

Ağustos

Avgust

yıl - Leto

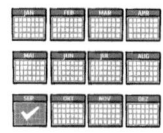

Eylül
....
September

Ekim
....
Oktober

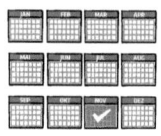

Kasım
....
November

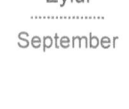

Aralık
....
December

daire
....
Krogla

kare
....
Kvadrat

dikdörtgen
....
Pravokotnik

üçgen
....
Trikotnik

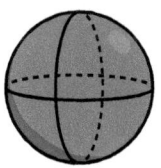

küre
....
Krogla

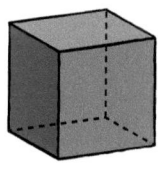

küp
....
Kocka

beyaz

Bela

sarı

Rumena

turuncu

Oranžna

pembe

Rožnata

kırmızı

Rdeča

mor

Vijolična

mavi

Modra

yeşil

Zelena

kahverengi

Rjava

gri

Siva

siyah

Črna

çok / az

veliko / malo

kızgın / sakin

jezno / umirjeno

güzel / çirkin

lepo / grdo

başlangıç / son

začetek / konec

büyük / küçük

veliko / majhno

parlak / karanlık

svetlo / temno

erkek kardeş / kız kardeş

brat / sestra

temiz / kirli

čisto / umazano

tamam / eksik

popolno / nepopolno

gün / gece

dan / noč

ölü / canlı

mrtvo / živo

geniş / dar

široko / ozko

yenilebilir / yenilemez

užitno / neužitno

kötü / iyi

zlobno / prijazno

heyecanlı / sıkılmış

vznemirjeno / zdolgočaseno

şişman / zayıf

debelo / vitko

ilk / son

prvo / zadnje

dost / düşman

prijatelj / sovražnik

dolu / boş

polno / prazno

sert / yumuşak

trdo / mehko

ağır / hafif

težko / lahko

açlık / susuzluk

lakota / žeja

hasta / sağlıklı

bolano / zdravo

yasa dışı / yasal

nezakonito / zakonito

zeki / aptal

pametno / neumno

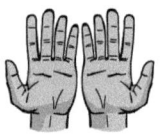

sol / sağ

levo / desno

yakın / uzak

blizu / daleč

yeni / kullanılmış

novo / rabljeno

hiçbir şey / bir şey

nič / nekaj

yaşlı / genç

staro / mlado

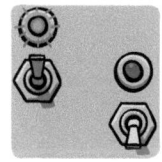

açma / kapama

vklopljeno / izklopljeno

açık / kapalı

odprto / zaprto

sessiz / gürültülü

tiho / glasno

zengin / fakir

bogato / revno

doğru / yanlış

prav / narobe

pürüzlü / düz

grobo / gladko

üzgün / mutlu

žalostno / veselo

kısa / uzun

kratko / dolgo

yavaş / hızlı

počasi / hitro

ıslak / kuru

mokro / suho

sıcak / serin

toplo / hladno

savaş / barış

vojna / mir

0	**1**	**2**
sıfır	bir	iki
Ničla	Ena	Dva

3	**4**	**5**
üç	dört	beş
Tri	Štiri	Pet

6	**7**	**8**
altı	yedi	sekiz
Šest	Sedem	Osem

9	**10**	**11**
dokuz	on	on bir
Devet	Deset	Enajst

12

on iki

Dvanajst

13

on üç

Trinajst

14

on dört

Štirinajst

15

on beş

Petnajst

16

on altı

Šestnajst

17

on yedi

Sedemnajst

18

on sekiz

Osemnajst

19

on dokuz

Devetnajst

20

yirmi

Dvajset

100

yüz

Sto

1.000

bin

Tisoč

1.000.000

milyon

Milijon

İngilizce

Angleščina

Amerikan İngilizcesi

Ameriška angleščina

Çince (Mandarin)

Mandarinščina

Hintçe

Hindujščina

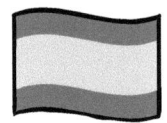

İspanyolca

Španščina

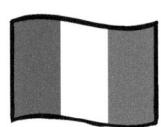

Fransızca

Francoščina

Arapça

Arabščina

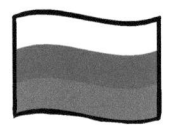

Rusça

Ruščina

Portekizce

Portugalščina

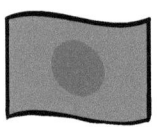

Bengalce

Bengalščina

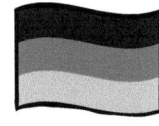

Almanca

Nemščina

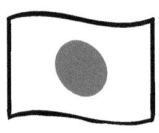

Japonca

Japonščina

ben

Jaz

sen

Ti

o

On / ona / tisto

biz

Mi

siz

Vi

onlar

Oni

kim?

Kdo?

ne?

Kaj?

nasıl?

Kako?

nerede?

Kje?

ne zaman?

Kdaj?

isim

Ime

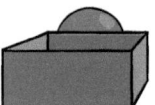

arkasında

Zadaj

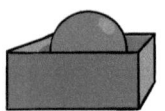

içinde

V

önünde

Pred

üzerinde

Nad

üstünde

Na

altında

Pod

yanında

Poleg

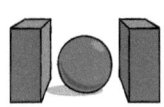

arasında

Med

yer

Kraj